LE 21 SEPTEMBRE

A SAINT-MANDÉ

DISCOURS

DE

MM. LOUIS BLANC

ERNEST HAMEL, MAILLARD

ET DE PANAIEFF

❖

EN VENTE

AUX BUREAUX DE L'*HOMME LIBRE*

16, RUE GRANGE-BATELIÈRE

1876

L'HOMME LIBRE

JOURNAL QUOTIDIEN

Directeur politique : LOUIS BLANC

ABONNEMENTS :

PARIS

Trois mois, 10 fr. — Six mois, 20 fr. — Un an, 40 fr.

DÉPARTEMENTS

Trois mois, 13 fr. 50. — Six mois, 27 fr. — Un an, 54 fr.

UN NUMÉRO

Paris, 10 c. — Départements, 15 c.

Les abonnements partent des 1er et 16 de chaque mois.

LE

BANQUET DE SAINT-MANDÉ

DISCOURS DE M. LOUIS BLANC

Un banquet a eu lieu au Salon des Familles, à
Saint-Mandé, pour célébrer l'anniversaire de la chute
de la royauté et de la fondation de la République en
septembre 1792. Plus de cinq cents citoyens étaient
présents.

Au moment où Louis Blanc allait prendre la parole,
un télégramme lui a été apporté. Il lui était envoyé
par les républicains de Bordeaux, qui s'associaient
aux républicains de Paris pour célébrer le grand anniversaire républicain.

Louis Blanc a prononcé au milieu des applaudissements unanimes l'éloquent discours suivant :

Mes chers concitoyens,

Dans la soirée du 21 septembre, à l'heure où
je parle, voici ce qui eut lieu au Temple, donné
pour prison à Louis XVI :

Le dauphin ayant besoin de rideaux et de cou-
vertures pour son lit, à cause du froid qui com-
mençait à se faire sentir, et Cléry, valet de

chambre du jeune prince, en ayant écrit la demande en ces termes : « Le roi demande pour son fils, etc.; » Destournelles, alors de garde auprès de lui, l'avertit qu'il ne devait plus désormais mentionner un titre aboli par la volonté du peuple.

Et en effet, à ce moment-là, il n'y avait plus de roi. La Convention venait d'abolir la royauté.

Que la raison se révolte au spectacle d'un individu mis à la place d'un peuple; qu'il y ait folie à accepter un chef des mains du hasard, au risque d'avoir ainsi pour maître un idiot ou un tyran, et que l'heure fût venue d'en finir avec la fiction monstrueuse qui fait d'une nation la propriété d'un homme, et de ses enfants, et des enfants de ses enfants à perpétuité, voilà ce que depuis quelque temps beaucoup pensaient, ce que quelques-uns avaient commencé à dire tout haut. Ils savaient ce qu'il en coûte à un peuple pour consentir à n'être qu'un troupeau.

Et toutefois le désir de renverser la royauté ne dut son intensité ni à une appréciation théorique des vices du gouvernement royal, ni même au souvenir des abus qui le condamnaient : ce qui rendit ce désir violent, ce qui bientôt le rendit irrésistible, ce fut la nécessité de sauver la patrie, sans laisser périr la liberté.

Qu'on se reporte au mois de juillet 1792. Les deux cours germaniques s'étaient liguées contre nous, et l'impératrice de Russie adhérait à leur alliance offensive. Les Prussiens s'avançaient sur trois colonnes, celle de la Silésie, celle de l'armée des Marches et celle de la Westphalie. Une armée autrichienne se dirigeait vers le

Rhin. Plus de vingt mille émigrés avaient pris les armes, non pour se préserver de la Révolution, mais pour l'écraser. Toute l'Allemagne des cercles s'embrasait. Bouillé donnait la main à Brunswick; la désertion donnait la main à l'invasion. Luckner, qui, à la tête de notre armée du Nord, avait envahi les Pays-Bas, reculait tout à coup, sur un ordre venu de la cour et écrit de la main du roi.

A l'intérieur, le danger n'était pas moindre. Dans le département de l'Ardèche, les royalistes se soulevaient. L'esprit de révolte soufflait sur la Bretagne. Les prêtres, en Vendée, préparaient la guerre civile. Les directoires de département envoyaient des protestations factieuses. La situation se présentait partout sombre, terrible.

Et quel moyen d'en sortir, si l'on n'abolissait pas la royauté?

Est-ce que ce n'était pas la cause de la royauté que plaidaient tous les ennemis de la Révolution?

Est-ce que ce. n'était pas pour rétablir en France une royauté faite à l'image de celles qui trônaient à Vienne et à Berlin que la Prusse et l'Autriche avaient uni leurs colères et mêlé leurs drapeaux?

Est-ce que ce n'était pas pour le roi, au nom du roi, que les émigrés s'étaient armés, que les prêtres ourdissaient leurs trames, que les nobles conspiraient?

Est-ce que le roi n'était pas, suivant une expression de Pétion, le *premier anneau de la chaîne contre-révolutionnaire?*

L'abolition de la royauté était donc la suprême nécessité du moment.

Je dis l'abolition de la royauté, et non pas la mort de Louis XVI, parce qu'on ne tue pas une idée, même fausse, en tuant l'homme qui la représente. Louis XVI était coupable. Nul doute à cet égard. Et de quel crime! En est-il de plus grand que celui qui consiste à se concerter secrètement avec l'ennemi pour l'invasion du pays qu'on gouverne et la destruction violente de la constitution qu'on a jurée? Mais que nous apprend l'histoire? Donne-t-elle raison au mot de Barère : « *Il n'y a que les morts qui ne reviennent pas?* » Après l'exécution de Charles Ier, les Stuarts revinrent dans la personne de son fils : revinrent-ils après le bannissement de Jacques II? Et les Bourbons revinrent-ils après le bannissement de Charles X, eux qui, après l'exécution de Louis XVI, étaient revenus dans la personne de Louis XVIII? Barère se trompait donc lorsqu'il disait : « *Il n'y a que les morts qui ne reviennent pas.* » Il eût été plus vrai de dire : « *Il n'y a que les morts qui reviennent.* »

Je n'examinerai pas la question de savoir si la Convention, en jugeant Louis XVI, n'aurait pas bien fait de tenir compte des mille influences néfastes auxquelles fut livré ce faible esprit : préjugés résultant d'une éducation pitoyable, orgueil héréditaire, ascendant d'un entourage corrupteur, tout ce qui était de nature à égarer un homme qui, se croyant maître de la France, ne fut jamais maître de lui-même. Ce sont là de graves considérations sans doute, et très philosophiques; mais pour qu'on pût les invoquer avec équité en faveur des coupables d'en haut, il faudrait que le bénéfice n'en eût pas toujours été refusé aux coupables d'en bas.

Quoi qu'il en soit, il est certain qu'en 1792 Vergniaud prononça le mot de la situation, lorsque, dans son célèbre discours du 3 juillet, il s'écria : « Tous les maux qu'on s'efforce d'accumuler sur nos têtes, tous ceux que nous avons à redouter, c'est *le nom seul du roi* qui en est le prétexte ou *la cause*. »

D'où vient donc que, dès le 3 juillet, sans plus attendre, et comme conclusion logique de son discours, Vergniaud ne proposa pas l'abolition de la royauté?

Ah! c'est qu'il y avait après tout quelque chose de formidable dans ce renversement d'un trône, au milieu de tant de trônes.

L'Europe était monarchique. Pas de famille souveraine, en Europe, qui ne tînt à la famille de Louis XVI par des liens d'alliance ou de parenté. Supprimer la royauté en France, c'était la menacer partout; c'était substituer à une politique qui avait duré des siècles et fait jusqu'alors aux peuples leurs destinées, une polititique entièrement nouvelle; c'était saper par la base le système européen; c'était plus qu'affronter une guerre longue et sanglante : c'était mettre le feu au monde.

La perspective d'un pareil embrasement était si effrayante, qu'il y eut un moment d'hésitation. Les républicains, avant de frapper, se recueillirent. Fallait-il abandonner tout espoir de forcer Louis XVI à s'incliner devant la liberté? N'y avait-il pas de milieu entre le renverser et le subir? Une adresse présentée, dans le courant du mois de juillet, à l'Assemblée législative par un de ses membres, assurément peu suspect d'aimer la monarchie, disait : « Vous pouvez encore, sire, sauver la patrie et avec elle votre couronne. Osez vouloir. »

Mais Louis XVI pouvait-il oser? Pouvait-il vouloir?

Ce furent nos ennemis qui se chargèrent de prouver à la France que son salut dépendait de la chute du trône.

Jusqu'au 28 juillet 1792, c'est-à-dire jusqu'au jour où l'on connut à Paris le manifeste du duc de Brunswick, l'élan de la France avait eu un caractère moins politique que patriotique. S'il avait suffi d'un premier appel pour enfanter des légions de combattants ; si les routes s'étaient couvertes de fédérés ; si l'on avait vu des villages entiers partir ; si l'on avait vu le paysan donner son dernier écu et les mères donner leur dernier enfant ; si, à Paris, les enrôlements volontaires du 22 juillet avaient fourni matière à des scènes d'enthousiasme vraiment sublimes, tout cela venait d'un sentiment qu'exprimaient ces mots : « *Citoyens, la patrie est en danger!* » Et le danger, ce n'était encore, aux yeux de la plupart, que l'ennemi franchissant la frontière, que l'ennemi s'avançant à pas pressés. Repousser l'étranger, défendre le territoire, telle était, en ce moment-là, l'idée dominante. Celle de chercher le salut de la patrie dans le renversement du trône n'apparaissait guère qu'à travers un nuage.

Comment la France fut-elle amenée à bien comprendre que, si elle voulait échapper aux périls qui l'enveloppaient, il y avait pour elle nécessité absolue d'écarter le péril qui expliquait et avait engendré tous les autres?

Cette nécessité, le manisfeste du duc de Brunswick la mit en pleine lumière. Quand on y lut que les alliés marchaient pour rendre au roi son pouvoir; que les habitants qui *oseraient se défendre* seraient punis sur-le-champ *comme rebelles;* que leurs maisons seraient démolies ou brûlées, et que, si le château était forcé ou insulté, les princes en tireraient une vengeance à jamais mémorable en livrant Paris à une subversion totale..., oh! alors, force fut à chacun de comprendre que la vie de la royauté, telle que les princes alliés prétendaient nous l'imposer, c'était la mort de la France, telle que la Révolution l'avait faite.

A la vérité, les princes daignaient lui promettre, à cette France mutinée, qu'ils obtiendraient son pardon à condition qu'elle « reviendrait à son ancienne fidélité; » en d'autres termes, à condition qu'elle se repentirait du crime d'avoir voulu être libre; à condition qu'elle abjurerait, avec l'humilité qui convient aux grands coupables, le culte de la justice; à condition que, renonçant à vivre debout, elle se hâterait de rendre au roi son pouvoir absolu, aux prêtres leur domination, aux nobles leurs priviléges, aux courtisans la fortune publique, leur proie.

Mais quoi! renier la Révolution; s'humilier à ce point; mentir à ce point; consentir à l'anéantissement d'une œuvre à laquelle tant de hautes intelligences avaient travaillé; perdre en un jour le prix d'un siècle de sacrifices et de combats;

après avoir éveillé chez tous les peuples l'esprit de liberté, les jeter dans un découragement mortel, et réduire le plus merveilleux enfantement de l'histoire à n'être plus, aux yeux du monde étonné, qu'un avortement ridicule !... Au manifeste de Brunswick, il n'y avait qu'une réponse possible : la *Marseillaise !* Aux menaces des rois, il n'y avait qu'une réponse possible : la République !

C'est pourquoi, dans la séance du 21 septembre 1792, la Convention qui, ce jour-là, s'assemblait pour la première fois, rendit, à l'unanimité, sur la proposition de Collot-d'Herbois, énergiquement formulée par l'abbé Grégoire, le fameux décret qu'on sait, « la Convention nationale décrète : « La royauté est abolie en France. »

Il y eut alors, dans tout le pays, un tressaillement de joie. On crut sortir de la nuit, et l'on en sortait ; car, ainsi que l'écrivait naguère à nos amis de Marseille un homme qui serait encore plus grand, si c'était possible, comme citoyen que comme poëte, « s'il y a une aurore dans le ciel, il y en a une aussi dans l'humanité. »

Et ce n'était pas un maître sous un autre nom qu'on voulut se donner. Manuel ayant demandé, avant le vote qui vient d'être rappelé, que le président de la République fût logé dans le palais national, que les attributs de la loi et de la force fussent toujours à ses côtés, et qu'on se levât toutes les fois qu'il ouvrirait la séance, cette proposition fut repoussée comme tendant à ressusciter un monarque dans un président de République. La Convention, elle, n'entendait pas défaire la royauté pour la refaire.

Qu'arriva-t-il ensuite? Hélas! il est trop vrai
que la Révolution fut condamnée par la rage de
ses ennemis à se montrer terrible; il est trop
vrai que le premier empire, la restauration, le
règne de Louis-Philippe, le second empire ont
été de longs et douloureux entr'actes dans le
drame de la liberté à conquérir, et qu'aujourd'hui
encore la République ne vit chez nous qu'habillée
de vêtements qui ne sont pas les siens. Mais ce
qui suffit pour prouver sa toute-puissance et nous
répondre de son triomphe final, ce qu'il faut rappeler sans cesse, ce que je tenais à rappeler surtout dans un jour tel que celui-ci, c'est que la
République fut le salut de la patrie le jour où il
devint manifeste que la patrie ne pouvait être
sauvée qu'à force de prodiges.

Comment se défendre d'un sentiment d'inex-
primable surprise, lorsqu'on rapproche du décret
qui, le 11 juillet 1792, avait déclaré la patrie en
danger, celui qui, le 4 juillet 1793, fut voté en
ces termes : « Ordre aux garnisons étrangères
de Condé, de Valenciennes et de Qusnoy de se
rendre à discrétion. Vingt-quatre heures après
cette sommation, elles ne seront pas admises à
capituler et seront passées au fil de l'épée. »
Quelle étonnante série de victoires n'avait-il pas
fallu pour que la France s'élevât, en quelques
mois, de la situation qu'avaient caractérisée ces
mots lugubres : « Citoyens, la patrie est en danger », à la situation qui lui inspira la pensée et
lui donna le pouvoir d'envoyer ses ordres à la
victoire, avec certitude d'être obéie !

Condamner l'ennemi à mort par décret, s'il
hésitait à se reconnaître vaincu d'avance ! Ja-

mais rien de pareil ne s'était vu dans le monde. Où la Convention puisa-t-elle l'exaltation sans exemple qui lui dicta des décrets tels que celui-ci : « L'anniversaire de l'établissement de la République approche. La Convention décrète qu'avant ce jour le fort de Bellegarde aura été emporté. »

Quel autre enthousiasme que l'enthousiasme républicain aurait pu faire tout à coup d'une nation qui avait paru, à la veille de mourir, la plus vivante nation de la terre?

Oui, mes chers concitoyens, si jamais la France vit clairement combien est intime le lien qui existe entre l'idée de République et l'idée de Patrie, ce fut pendant les jours mémorables dont ce banquet ranime le souvenir.

Et quoi de plus naturel? Es-ce que le mot République ne signifie pas *chose de tous?* Est-ce que la République, comme la patrie, n'embrasse pas l'universalité des intérêts du peuple?

Aussi, voyez avec quelle confiance, on pourrait dire instinctive, la France s'est ralliée autour de la République toutes les fois qu'elle s'est vue au fond d'un abîme. C'est ce qu'elle avait fait en septembre 1792, au moment où elle était menacée par tous les rois ligués contre elle, et c'est ce qu'elle fit, après le désastre de Sedan, lorsqu'à ce grand cri : «La patrie est en danger!» vint se mêler cet autre grand cri : « Vive la République! »

DISCOURS DE M. ERNEST HAMEL

M. Ernest Hamel succède à M. Louis Blanc. Voici l'improvisation que la sténographie a permis de reproduire :

Citoyens,

Après le magnifique discours du citoyen Louis Blanc, il est peut-être bien téméraire d'oser parler ici ; je parlerai cependant, ne fût-ce que pour rendre hommage aux généreuses paroles que vous venez d'entendre, et qui, demain, auront un si profond retentissement dans le cœur de l'immense majorité des Français.

En prenant la parole à mon tour, citoyens, pour célébrer au milieu de vous l'anniversaire à jamais glorieux de la fondation de la République en France, je ne puis me défendre d'une indéfinissable émotion, lorsque je compare ce qui s'est passé à cette grande époque avec tout ce dont nous avons été témoins de nos jours, et lorsque je me reporte par la pensée vers ces grandes choses et vers ces grands hommes que vient de vous rappeler, dans son superbe langage, le grand historien de la Révolution française, et dont, moi aussi, je me fais gloire d'avoir été l'historien enthousiaste.

On vient de vous dire au milieu de quel pénible enfantement était née la République française, devenue l'inévitable nécessité ; toutefois, il faut reconnaître que les circonstances étaient peut-être plus favorables que de nos jours. Des

institutions quasi-républicaines existaient déjà ;
l'abbé Grégoire n'eut qu'à jeter ce mot aux échos
de la Convention : « L'histoire des rois est le
martyrologe des peuples », et la République fut
faite.

Il n'y a pas de meilleure école, citoyens, pour
agrandir les âmes, pour élever les cœurs, pour
faire pénétrer en nous le sentiment de la liberté,
de l'égalité et de la fraternité, il n'y a pas de
meilleure école que l'étude attentive et appro-
fondie de notre Révolution immortelle, qui restera l'épopée des temps modernes, et contre
laquelle, par une ironie singulière et par la plus
noire des ingratitudes, nous voyons se retourner
aujourd'hui ceux qui en ont le plus profité.

Je puis vous en parler en toute connaissance
de cause, citoyens, et pour ainsi dire par mon
expérience propre ; car je ne suis pas un républicain de naissance. Il n'est pas donné à tout le
monde de naître dans une famille républicaine.
Il faut donc par la persuasion, et surtout par la
persuasion née de l'étude, ce qui n'exclut ni la
fermeté ni la fidélité aux principes, faire le plus
de prosélytes possible. Comme beaucoup d'hommes de ma génération, j'avais été élevé dans
l'admiration des gloires impériales, grâce surtout
à ce livre éloquent et funeste qu'on appelle
l'*Histoire du Consulat et de l'Empire*. L'empire
nous était présenté comme la Révolution armée,
allant semer sur tous les champs de bataille de
l'Europe les bienfaits de cette Révolution. Il
nous a fallu, citoyens, pour nous dessiller les
yeux, l'exemple même, le spectacle navrant de
l'empire restauré, du despotisme en action ; il

m'a fallu surtout étudier aux sources mêmes, d'après les documents authentiques, l'histoire de notre grand drame révolutionnaire, pour comprendre qu'il y avait tout un abîme, un abîme sans fond, un abîme infranchissable entre la République et l'Empire, enfants tous deux de la Révolution, et qui, sous la Restauration comme sous le régime de Juillet, marchaient de conserve, côte à côte, comme compères et compagnons.

Eh bien ! citoyens, ce que j'ai éprouvé, ce que j'ai ressenti par cette saine et fortifiante étude, j'ai voulu le faire partager aux hommes de ma génération et aux générations nouvelles, en racontant, d'après des données irréfutables, les faits tour à tour grandioses, touchants, terribles et sublimes qui se rencontrent à chaque page de notre Révolution, et sur lesquelles ma conviction s'est établie comme sur des fondements de granit. Dès l'année 1854, je me suis mis à l'œuvre, et, depuis, je n'ai cessé dans mes livres de glorifier la République et la démocratie.

En remettant en lumière ce qui a droit à l'admiration et à la reconnaissance de l'humanité tout entière — car, citoyens, c'est là le caractère distinctif, le signe particulier de la Révolution française, bien différente en cela de toutes les révolutions qui ont éclaté dans les autres parties de l'Europe, en Italie, en Allemagne, en Espagne et en Angleterre, révolutions qui ont eu surtout un caractère local et national, elle a eu un caractère essentiellement universel et humanitaire ; elle n'a pas seulement proclamé les droits du citoyen français, elle a proclamé les droits de l'homme et du citoyen, chez tous les peuples et dans tous les temps. Voilà pourquoi son influence a été si considérable, voilà pourquoi, comme le soleil, elle rayonne sur le monde entier. — Eh bien ! disais-je, en remettant en lumière ce qui a droit à la reconnaissance du genre humain, en détruisant les légendes menteuses si facilement acceptées par des imaginations complaisantes et effrayées, et surtout, en vengeant de toutes les calomnies jésuitiques les grands hommes qui, de leur sang, nous ont fait la patrie républicaine, j'ai la conviction d'avoir bien servi cette République, à laquelle je me suis donné corps et âme, il y a vingt-trois ans, parce que, je le répète, citoyens, c'est par l'exemple des grandes actions de nos ancêtres en République que nous formerons des générations républicaines.

Citoyens, on a voulu appliquer à la politique le vieux proverbe : Autre temps, autres mœurs. Cela peut être vrai au point de vue matériel ; mais, en bonne morale, cela ne saurait s'admettre sans péril pour la chose publique ni sans danger pour la conscience humaine. Non, ni la vertu, ni le courage, ni l'amour sacré de la patrie, ni le culte de la démocratie, ni la foi aux principes ne sauraient varier suivant les lieux ou suivant les temps.

Croyez-vous, par exemple, citoyens, que le cours des événements n'eût pas été tout autre si les hommes qui, en 1870, ont eu entre les mains la direction de nos destinées, s'étaient inspirés davantage de nos grands aïeux de 1792 ?

Croyez-vous que nous aurions perdu en un clin d'œil, instantanément, nos départements de la

Lorraine et de l'Alsace, si les hommes à qui incombait le soin de les défendre avaient pris exemple sur certains commissaires de la Convention, sur cet intrépide Saint-Just notamment qui, à Strasbourg, répondait à un parlementaire autrichien : « La République française n'a à offrir à ses ennemis que du fer et du plomb, » et qui, animant de son souffle patriotique généraux et soldats, balayait en quelques semaines les hordes allemandes de notre territoire et pénétrait victorieux dans Landau et dans Wissembourg à la tête de nos jeunes phalanges républicaines ? Voilà, citoyens, ce qui faisait dire, après la honteuse capitulation de Metz, voilà ce qui faisait dire à un colonel d'état-major de l'armée de Bazaine, au colonel d'Andlau : « Je n'avais jamais compris les commissaires de la Convention ; je les comprends maintenant ! »

J'ai parlé de capitulation. Un jour, citoyens, au milieu de la Convention nationale, une nouvelle sinistre vint à se répandre tout à coup : Valenciennes avait capitulé ! Valenciennes, un des remparts de la France du Nord. A cette nouvelle, des murmures d'étonnement et d'indignation retentirent sur tous les bancs. « C'est impossible, disait-on, il y avait dans Valenciennes deux membres de la Convention ! » Un de ces deux membres, le représentant Briez, venait précisément d'arriver. Il balbutia quelques excuses. On avait fait, dit-il, tout ce qu'il était humainement possible de faire pour sauver la ville. — « Etes-vous mort ? » lui cria Robespierre. — Le représentant Briez s'affaissa atterré sous cette foudroyante apostrophe. Mais les capitulards se

le tinrent pour dit, et la République fut sauvée.

Voilà, citoyens, ce dont ne se sont guère sou-venus nos capitulards de la dernière guerre, que nous voyons se promener tranquillement à l'é-tranger ou ailleurs, comme le traître Bazaine, qui restera en exécration jusque chez nos der-niers neveux tant qu'il y aura en France un souffle de patriotisme, c'est-à-dire tant qu'il y aura une France.

Que si maintenant, citoyens, du domaine des choses militaires nous passons à celui des choses civiles, nous verrons, hélas! qu'il en a été abso-lument de même. Nous avons la République de nom, c'est vrai, c'est déjà quelque chose, je le reconnais; mais est-ce que cela est suffisant? Croyez-vous que nous aurions la République avec toutes les institutions de la monarchie, si nous avions eu la foi robuste de nos pères? Oh! j'ima-gine que si, du fond de leur tombeau, nos grands aïeux de 1792 pouvaient être témoins de ce qui se passe, ils riraient amèrement de voir ce que nous avons fait de la République qu'ils avaient fondée.

Qu'est-ce, en effet, citoyens, qu'une République où la centralisation administrative, fille de l'an-cien régime, et restaurée par le législateur de Brumaire, cette centralisation sous laquelle nous étouffons comme sous une machine pneumatique, est plus puissante que jamais? Qu'est-ce qu'une République où les franchises municipales sont une lettre morte, où la commune est esclave?

Qu'est-ce qu'une République où le droit de réunion, ce droit primordial et absolu, n'existe pas? Où nous ne pouvons même, comme dans la monarchique Angleterre, nous réunir paisiblement et sans armes, pour causer tranquillement de nos affaires?

Qu'est-ce qu'une République où le droit d'association, cet instrument nécessaire, indispensable du progrès social, est enveloppé de mille obstacles et par conséquent n'existe pas?

Qu'est-ce qu'une République où la liberté de la presse, cette liberté contre laquelle, aux Etats-Unis d'Amérique, il est interdit de porter une loi, n'existe pas? Où les seuls journaux poursuivis et condamnés — et vous savez dans quelle effroyable mesure, — sont précisément des journaux qui défendent la République!

Qu'est-ce qu'une République où l'influence ultramontaine est plus violente qu'elle ne l'a été sous aucune monarchie? où les doctrines du *Syllabus* se dressent insolemment en face de nos institutions civiles? où l'émeute cléricale est en permanence?

Qu'est-ce qu'une République où l'on n'ose prononcer ni la séparation de l'Eglise et de l'Etat, ni la suppression du budget des cultes?

Qu'est-ce qu'une République où le service militaire obligatoire n'est que d'un an pour les uns et de cinq ans pour les autres?

Qu'est-ce qu'une République où nous n'avons ni l'instruction gratuite, ni l'instruction obligatoire, ni l'instruction laïque?

Qu'est-ce qu'une République où l'institution du jury, une des plus précieuses conquêtes de la Révolution, n'est plus qu'une mystification?

Qu'est-ce qu'une République où l'amnistie, cette chose douce et sainte, cet acte de paix et de concorde, et j'ajouterai de bonne politique, ce gage de réconciliation entre les citoyens, est obstinément refusée?

Qu'est-ce enfin qu'une République où tout le personnel administratif et judiciaire est composé en majeure partie d'ennemis de la République?

Voilà, citoyens, où nous en sommes ce 1er vendémiaire de l'an 85 de la République française.

Est-ce à dire pour cela qu'il y a lieu de se décourager? Non, mille fois non! Il faut se retremper pour la lutte. Il faut reprendre la véritable tradition républicaine; il faut, en un mot, poursuivre l'œuvre interrompue de nos pères.

Car n'oubliez pas, citoyens, n'oubliez pas que toutes les questions politiques et sociales qui nous préoccupent, qui sont à l'ordre du jour, toutes ont été élaborées, discutées et résolues par nos pères, soit à l'Assemblée constituante, soit à la Convention nationale, soit au club des Jacobins. Et tous ces problèmes politiques et sociaux remis en question par une réaction effrénée, avaient été résolus dans le sens le plus démocratique.

N'oubliez pas que l'Assemblée constituante avait fait table rase de toutes les vieilles institutions administratives et judiciaires, qu'on a rétablies depuis, sous d'autres noms.

N'oubliez pas que le suffrage universel, cette conquête de 1848, a été réclamé avec obstination par Robespierre à l'Assemblée constituante, et décrété par la Convention nationale.

N'oubliez pas, n'oubliez pas que le droit de réunion, le droit d'association, la liberté de la presse, et voire même le droit au travail, ce monstre de 1848, se trouvaient consacrés dans la constitution du 24 juin 1793. N'oubliez pas enfin que la Convention nationale, tout en proclamant la liberté absolue des cultes, a prononcé la séparation de l'Eglise et de l'Etat et supprimé le budget des cultes.

Nous n'avons donc, vous le voyez, citoyens, qu'à reprendre l'œuvre de nos pères. C'est pourquoi il est bon de célébrer une date fatidique comme celle qui nous réunit aujourd'hui et qui est le point de départ d'une ère nouvelle pour notre pays. C'est pourquoi il est utile de nous rassembler le plus souvent possible dans ces agapes fraternelles où les ombres de nos grands aïeux nous apparaissent comme un encouragement.

Citoyens, je bois, avec mon cher et illustre ami Louis Blanc, à la mémoire des fondateurs de la République.

Je bois aussi, permettez-moi de porter ce nouveau toast, je bois aussi à la ville immortelle qui a été le berceau de cette République, à cet admirable Paris qu'on ne décapitalisera jamais, parce que décapitaliser Paris ce serait décapiter la France, et que la France ne voudra jamais s'ôter de la tête cette couronne radieuse, faite de gloire et de civilisation ; je bois à cet admirable Paris qui, dès le quatorzième siècle, sous l'inspiration d'Etienne Marcel, traçait déjà les véritables règles de la démocratie, à ce Paris qui a pris la Bastille, qui a fait le 10 août, qui, dans ces derniers temps, a été la sauvegarde de l'honneur national, et dont l'étranger n'a osé qu'en tremblant effleurer l'enceinte ; je bois à ce sanc-

tuaire des arts, des lettres et des sciences qui,
sous la République, fleuriront mieux que sous
aucune monarchie; je bois enfin à ce foyer de la
démocratie, qui sera la citadelle de la République douce et forte que nous voulons fonder,
et où le droit, la justice et la liberté finiront bien,
grâce à nos efforts, par établir leurs assises
éternelles.

DISCOURS DE M. MAILLARD

M. Maillard, ancien secrétaire de Ledru-Rollin,
prononce, en faveur de l'amnistie, un chaleureux discours :

Citoyens,

Au nom de la fraternité, proclamée par les
hommes de la Révolution dont nous sommes fiers
d'être les disciples, comme la devise du gouvernement républicain, je vous propose un toast.

A l'amnistie pleine et entière pour tous les
crimes et délits se rattachant au mouvement insurrectionnel du 18 mars 1871 !

Pour justifier ce vœu, je n'ai point à faire
l'historique des événements du 18 mars; vous
les connaissez.

L'insurrection vaincue, les conseils de guerre
furent organisés à Versailles, à Saint-Cloud, au
Mont-Valérien, rue du Cherche-Midi, etc., char-
gés de statuer sur le sort de ceux qui avaient
pris part au mouvement insurrectionnel. Ces conseils ont rendu des jugements contradictoires et

des jugements par défaut. A certains accusés ils ont appliqué des peines qu'on ne prononce qu'en matière politique : la déportation, la détention et le bannissement ; aux autres, ils ont appliqué des peines de droit commun : les travaux forcés et la réclusion.

Dans le parti républicain, tout le monde aujourd'hui est d'accord pour reconnaître que le moment est venu d'accorder l'amnistie aux condamnés à des peines politiques ; mais beaucoup de républicains pensent que cette amnistie ne doit point profiter aux condamnés à des peines de droit commun ; ainsi, au Sénat, dix membres seulement ont voté l'amnistie pleine et entière ; les autres ont voté contre ou se sont abstenus. A la Chambre, cinquante-deux députés ont voté l'amnistie pleine et et entière, les autres ont voté contre ou se sont abstenus. Pour moi, partisan de l'amnistie pleine et entière, je suis heureux de l'occasion qui m'est donnée d'adresser à ceux qui l'ont votée mes sincères félicitations.

On est en droit de s'étonner de voir le parti républicain divisé sur cette question de l'amnistie pleine et entière, qui intéresse au plus haut point un si grand nombre de familles, quand on se rappelle qu'au lendemain des événements du 18 mars, l'Europe entière n'a voulu voir dans les actes se rattachant au mouvement insurrectionnel que des crimes politiques, et voici comment : Il existe entre la France et les divers États de l'Europe des traités d'extradition relatifs exclusivement aux crimes de droit commun, tels que ceux d'assassinats, d'incendie, de banqueroute frauduleuse, etc.; au terme de ces trai-

tés, il suffit, vous le savez, que la demande d'extradition soit accompagnée de pièces de nature
à établir les présomptions de culpabilité contre
l'accusé pour qu'il soit sur-le-champ livré à l'au-
torité française; eh bien! après des condamna-
tions par contumace à des peines de droit commun, prononcées par les conseils de guerre contre
d'anciens membres de la Commune, du Comité
central et contre un grand nombre d'anciens
chefs de bataillon fédérés, le gouvernement a
demandé leur extradition aux divers Etats de
l'Europe sur les territoires desquels ils s'étaient
réfugiés, et tous les gouvernements, sous la
pression de l'opinion publique, ont répondu :
Nous ne les livrerons pas.

Pourquoi les gouvernements ont-ils été unanimes à répondre non? C'est qu'aux termes du
droit pénal européen, l'intention seule constitue
le crime ou le délit, et qu'aux yeux de l'Europe
les actes reprochés aux condamnés avaient été
précédés et accompagnés de préoccupations politiques qui avaient eu pour effet de leur enlever
le caractère exclusif de crimes de droit commun.

Dès lors est-il possible que le grand parti républicain soit plus sévère à l'encontre des hommes
compromis dans le mouvement insurrectionnel
du 18 mars que ne l'a été l'Europe monarchique
elle-même? Evidemment non. Et lorsque l'Espagne, l'Italie, l'Allemagne, la Belgique, l'Angleterre, ont refusé de livrer tous les condamnés,
le parti républicain ne doit plus hésiter à deman-
der l'amnistie pour tous.

Le gouvernement lui-même s'est engagé dans
cette voie; il aurait, en effet, commué la peine

des travaux forcés, peine de droit commun, prononcée contre Hélianax, Grelier, Juhel, Simon, Meyer, Lalanne, Reber, Clouart et autres en celle de la déportation et de la détention, peines qu'on n'applique qu'en matière politique. Si, au lieu de commuer la peine des travaux forcés en celle de la réclusion, qui est une peine de droit commun, il a appliqué la détention, c'est qu'il a reconnu que les coupables avaient été guidés par un mobile politique.

Ce travail de révision, fait depuis longtemps pour quelques-uns, devrait être fait pour tous les autres ; mais il est hérissé de difficultés et, de l'avis de tous, on serait exposé à bien des erreurs.

La vraie solution, elle est dans l'amnistie pleine et entière demandée par le parti radical, En évitant d'établir des distinctions entre ceux qui ont été condamnés par contumace ou contradictoirement à des peines politiques, et ceux qui ont été frappés de peines de droit commun, on sauvegarde la situation d'un grand nombre de condamnés, et notamment de journalistes qui, comme Alphonse Humbert, ont été condamnés pour crimes par la voie de la presse aux travaux forcés à perpétuité.

A l'amnistie pleine et entière !

Après ce discours, interrompu à diverses reprises par d'unanimes applaudissements, M. Papaïeff, citoyen russe, a pris la parole, qu'il manie comme si la langue française était la sienne. Il a invoqué des sentiments d'égalité et de fraternité qui doivent unir les peuples de toutes races, et parlé de l'état de l'Europe, dont les peuples sont tous sympathiques à la République française.

Venant ensuite à la question d'Orient, il flétrit énergiquement, au nom de l'humanité, les atrocités des Turcs en Bulgarie, et, après avoir dit que l'anniversaire du 22 septembre n'est pas seulement une fête de la nation, mais une fête de l'humanité, il a porté un toast à la réorganisation sociale, à la République universelle.

Cette harangue a été applaudie par tous. et l'on s'est quitté ensuite aux cris de : Vive la République !

Un démocrate russe, M. de Panaieff, monte à la tribune et s'exprime en ces termes :

Citoyennes et citoyens,

A propos de la journée que vous fêtez aujourd'hui, je me permets de porter votre attention pour quelques instants hors de la France, car je considère la journée du 21 septembre comme une fête, non-seulement pour les Français, mais pour toute l'humanité.

Vous fêtez aujourd'hui le quatre-vingt-quatrième anniversaire d'une journée solennelle, d'une journée qui, à la fin du siècle passé, a lancé la vie sociale dans une voie nouvelle, et cela avec une force tellement puissante qu'encore aujourd'hui nous marchons par l'impulsion qu'elle a donnée au monde. Cette force consiste dans les idées et les principes des hommes de cette époque.

La France a passé depuis par des crises nombreuses et terribles; mais il faut espérer qu'elles ne se répéteront plus, puisque les expériences faites dans tous les sens sont plus que complètes. On peut donc croire que la République en France sera, cette fois-ci, une République définitive.

Mais, citoyens, il me paraît qu'il ne faut pas se laisser bercer par des illusions. La République française est jeune, bien jeune, tandis que l'ennemi est nombreux, et, en outre, elle est seule en Europe; car la Suisse ne joue pas, en politique, un rôle important.

Ces considérations amènent forcément à reconnaître la nécessité d'embrasser une politique qui devrait prendre bien soin de ne rien négliger de ce qui pourrait donner, hors de France, un appui moral ou matériel non-seulement à la France elle-même, mais aussi au principe républicain.

Tous les grands Etats de l'Europe sont constitués actuellement d'une manière solide, de sorte que rien n'appelle aucun d'eux à se reconstituer en République.

J'appuie sur ce fait — que la République française est seule en Europe, et qu'aucun des autres grands Etats de cette partie du monde n'a de tendance à devenir République.

Cependant je me permets d'appeler votre attention sur la question qui se débat présentement en Orient.

Pour ceux qui ont, à ce sujet, certaines connaissances historiques, certaines connaissances des faits contemporains et qui ont un esprit vraiment politique, pour ceux-là, dis-je, il ne reste aucun doute que la domination turque sur la péninsule des Balkans touche à son terme. Et si même, grâce à l'imprévoyance, ou au peu de courage, ou à la maladresse de la diplomatie, cette domination ne disparaissait point immédiatement, elle ne tarderait pas à crouler dans un avenir très prochain.

Il est impossible que le monde civilisé souffre plus longtemps cette absurdité, cette anomalie, qu'un principe supérieur soit subordonné à un principe inférieur, immoral et dégradant; que des peuples amis de la civilisation soient soumis à la domination d'une race abâtardie et farouche. C'est une injure faite à la conscience humaine, à l'esprit humain et aux droits de l'homme.

Donc, je soutiens que la chute prochaine de la domination turque sur la péninsule des Balkans est inévitable.

Ainsi se présente la question : Que deviendrait, politiquement, cette péninsule après la chute de la domination turque ? Comment les populations qui l'habitent se constitueraient-elles ?

Chacun, comme vous le savez, constitue l'avenir de ces contrées à sa guise. Il existe sur ce point plusieurs projets, plusieurs propositions diverses qui sont, pour la plupart, tout à fait arbitraires. Et c'est là-dessus que je me permets d'appeler votre attention particulière.

A mon point de vue, je trouve, et je crois que je ne me trompe pas, que les peuples qui habi-

tent la péninsule des Balkans, après la chute de
la domination turque, se trouveront à peu près
dans la situation où s'est trouvée la France après
la chute de Napoléon III; c'est-à-dire que, mal-
gré toutes les combinaisons possibles, la plupart
des différentes populations de la péninsule des
Balkans seront forcément amenées à se consti-
tuer en républiques, avec cette différence toutefois qu'elles devront former une union fédérale à
l'exemple des Etats-Unis de l'Amérique du
Nord.

Ainsi, il y a une grande probabilité que la
République française pourrait avoir à l'avenir
une seconde sœur en Europe, et une sœur d'une
taille assez respectable. Par conséquent, il faut,
autant que possible, favoriser l'apparition dans
le monde de ce nouvel Etat républicain et ne pas
manquer de sagesse dans ces circonstances.

Cela dit, il me paraît que les vrais républicains ne doivent pas laisser échapper l'occasion
d'exprimer leurs sympathies pour les efforts des
malheureux peuples slaves, qui sont maintenant
en lutte contre la barbarie turque, dans le but
de conquérir leur liberté. Et ce n'est pas seulement la considération politique que je viens
d'indiquer, mais aussi l'esprit de l'humanité qui
provoque l'expression de ces sympathies.

Espérant que je ne me trompe pas sur les sentiments qui vous animent à ce sujet, je prends
sur moi de vous proposer d'exprimer votre sympathie auxdits peuples par une adresse conçue
dans les termes suivants:

« *Les républicains français, réunis aujour-*

d'hui pour fêter le jour solennel du 21 septembre 1792, profitent de cette occasion pour exprimer toute leur sympathie à ces petits groupes de peuples slaves, — faibles en nombre, mais forts par l'esprit qui les anime, — qui se sont soulevés pour combattre le despotisme barbare et pour conquérir la liberté contre un ennemi dix fois plus fort qu'eux. — Courage et fermeté, braves peuples; — un avenir bien proche est à vous! »

Maintenant, permettez-moi, citoyens, de boire encore une fois à l'affermissement et à la prospérité de la République française, mais de la République de fond et non de forme, de la République qui devra servir de germe à la réorganisation sociale du monde, de la République, enfin, dont une des missions sera de répandre les vertus civiles et politiques! — (Applaudissements chaleureux.)

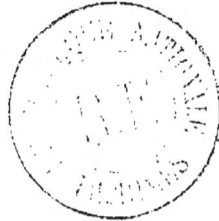

Paris. — Imprimerie Nouvelle (association ouvrière), 11, rue des Jeûneurs
G. Masquin et Cᵉ.

www.ingramcontent.com/pod-product-compliance
Lightning Source LLC
Chambersburg PA
CBHW060815280326
41934CB00010B/2702